稀奇古怪
地球

焦庆锋 主编

辽宁美术出版社

图书在版编目（CIP）数据

稀奇古怪 . 地球 / 焦庆锋主编 . -- 沈阳 : 辽宁美
术出版社 , 2024.7

ISBN 978-7-5314-9341-9

Ⅰ . ①稀… Ⅱ . ①焦… Ⅲ . ①科学知识 – 儿童读物②
自然地理 – 世界 – 儿童读物 Ⅳ . ① Z228.1 ② P941-49

中国版本图书馆 CIP 数据核字 (2022) 第 231048 号

出 版 社：辽宁美术出版社
地　　址：沈阳市和平区民族北街 29 号　　邮编：110001
发 行 者：辽宁美术出版社
印 刷 者：河北松源印刷有限公司
开　　本：889mm×1194mm　1/20
印　　张：6
字　　数：100 千字
出版时间：2024 年 7 月第 1 版
印刷时间：2024 年 7 月第 1 次印刷
责任编辑：王东星
封面设计：宋双成
版式设计：邱　波
责任校对：郝　刚
书　　号：ISBN 978-7-5314-9341-9
定　　价：38.00 元

E–mail：lnmscbs@163.com
http：//www.lnmscbs.cn
图书如有印装质量问题请与出版部联系调换
出版部电话：024–23835227

本书图片来源于壹图网、高品图像

地球奥秘知多少

认识我们的家园

地球的组成部分

目录
MULU

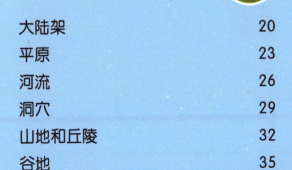

目录 MULU

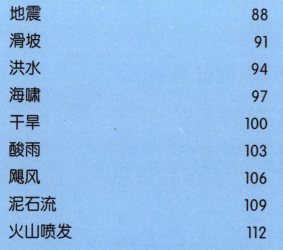

地球并不温和

认识我们的家园

认识地球

地球是一个有生命的星球，拥有生物赖以生存的水和氧气，还有具备保护作用的大气层。地球本身带有磁场，有助于生物的繁衍。

撞击能量

高速运动着的物体撞在一起时，就会产生大量的热能，美国著名的自然奇观巴林杰陨石坑就是由一颗陨石撞击地球形成的。

🌏 **地球档案**

主 题	认识地球
涉及内容	撞击能量、磁场、核熔炉、陨石坑、海沟
显著特点	太系阳系唯一有生命的行星。

磁场

地球可以释放出很大的磁场，在地球周围形成不规则的磁腔。磁腔能抵御太阳粒子爆发时产生的辐射，有很强的保护作用。

核熔炉

地球外部是冷的，但它的内部存在一种很热的物质形态，就是核熔炉。核熔炉一直在不停地活动着，所以才有了火山和地震等。

陨石坑

陨石坑是星体表面被陨石碰撞而形成的凹坑。坑中有小山，在地球上坑内常常充水，形成撞击湖，小山则成为湖中的岛屿。

海沟

海沟是海洋深处由于板块碰撞而形成的两壁较陡的、狭长的、水深大于五千米的沟槽，往往是海底最深的地方。

知识链接

马里亚纳海沟

马里亚纳海沟是世界海洋最深处，最深地方距海平面一万多米。那里没有光，温度极低，含氧量少，是地球上环境最恶劣的地方之一。

地球外圈

在地球的外部，有四个不同的圈层，分别是大气圈、水圈、岩石圈以及生物圈。

地球档案

主　　题	地球外圈
涉及内容	大气圈、水圈、岩石圈、生物圈
显著特点	岩石圈平均厚度是100千米。

大气圈

　　大气圈就像地球的保温被和防弹衣，庇护着地球上所有的生命。大气圈范围很大，很高的地方和岩石土壤中都有大气。按大气温度随高度分布的特征，大气圈可以分成五层，分别是对流层、平流层、中间层、热层、逃逸层。

水圈

　　地球除了大气圈，还有一个不规则的连续圈层，那就是水圈。水圈是地球上所有生命的源泉。

岩石圈

　　岩石圈的平均厚度有 100 千米。岩石圈是现代地球物理学、地球动力学的研究对象。

生物圈

　　生物圈是地球上最大的圈层，是人类诞生和生存的空间，它是地表生物有机体及其生存环境的总称。

地球的构造

地球是一个被岩石包裹的球体，从内向外看，由地核、地幔和地壳组成。

地球档案

主　题	地球的构造
涉及内容	地壳、地幔、地核
显著特点	地核直径可达7000千米，等同于火星的大小。

地壳

　　地壳由很多板块组成，板块之间有细微的变化就会产生地震。地震学家根据地震波分析震源深度、影响范围以及余震等情况。

地幔

　　地幔由致密的造岩物质构成，有浓度很高的铁元素，这些铁元素因为温度高便处于黏稠状。如果地核内有反应，地幔就会移动，从而引发火山喷发、地震等。

地核

　　地核分内核和外核，内核以固态存在，外核以液态存在。地核的直径有7000千米，和火星大小差不多。地核的主要成分是铁、镍两种元素。

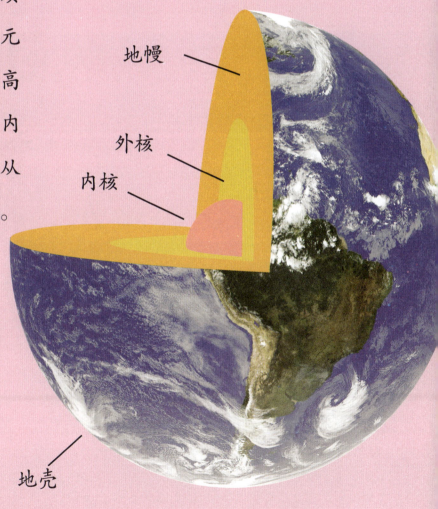

地幔

外核

内核

地壳

地球地貌

地球上温度适宜，又有液态水，这就为生命生存提供了必要的条件，具有稳定而且完善的生态系统。

不同地貌

陆地表面呈现多样的形态，统称为地貌。按规模分为巨、大、中、小、微地貌。

外力影响

地貌形成的外力作用（风化、流水、冰川、风等）在很大程度上受气候条件控制，具有地带性和区域性特点。

🌐 地球档案

主　题	地球地貌
涉及内容	不同地貌、外力影响、亚洲地貌、地表形态、青藏高原
显著特点	大气层中，99%是氮气和氧气。

亚洲地貌

亚洲的地貌最为复杂，中部地势较高，四周相对较低。该洲以中部高原和山地面积广大为特征，而平原主要分布在大陆周围。

地表形态

地表形态各种各样，有一望无边的平原，有海拔很高的山峰，有低缓的丘陵，有高原，还有四周较高的盆地等。

青藏高原

青藏高原是世界上最高的高原，被称为"世界屋脊""第三极"。它是科学探险、考察和生态旅游的圣地。

知识链接

极地风库

南极是暴风雪的故乡，纬度高、气温低。高地势和巨厚的冰层使风力更强，风日多，所以南极有"极地风库"之称。

13

地球的年龄

　　地质学家通过对岩层的勘探和研究得出了地球约在 46 亿年前形成的结论，并且地质学家根据岩石的变化对地球的发展史进行了划分。

地球档案

主　　题	地球的年龄
涉及内容	放射性同位素、化石的记录、化石的作用、煤的形成、早期生物
显著特点	5.43亿年前，出现甲壳类动物。

放射性同位素

我们可以通过测量岩石中放射性同位素的衰变过程来确定地球年龄。例如，利用铀-235衰变为铅-207的半衰期，科学家可以计算岩石中铀和铅的相对比例，从而推断岩石的形成时间。

化石的记录

化石是指被尘封在岩石中的生物遗骸，科学家根据化石反推历史，研究物种进化和地球变迁。

化石的作用

化石有助于地质学家确定不同地层的年代。根据生物的演化和化石的出现层位，可以建立地层年代序列，用于地质学中的年代学研究。

煤的形成

　　煤炭形成要经历上亿年，成煤植物主要是裸子植物。由地质历史时期中植物遗体在适宜地质环境中堆积成层，并经过漫长地质年代的煤化作用而成。

早期生物

　　地球上的早期生物大多是软体形态动物，常见的是海底的海绵。5.43亿年前发现了甲壳类动物，坚硬的甲壳给了动物很好的保护。

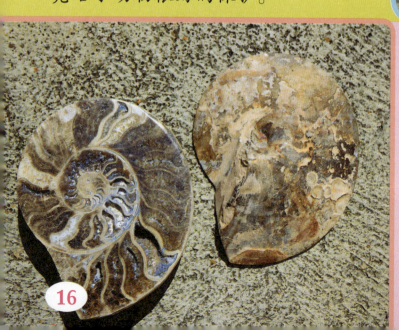

知识链接

土壤圈

　　土壤圈就像是地球的地膜，是岩石圈最外一层疏松的部分，是自然环境的五大圈层之一，与人类关系最密切。

16

地球成长史

地球不断地成长着，它不像人类变化得那么快，地球经过几亿或者几十亿年，才会有一次明显的演变。

地球档案

主　　题	地球成长史
涉及内容	第一阶段、第二阶段、第三阶段
显著特点	有坚硬外壳的海生无脊椎动物是早古生年代最突出的特征。

第一阶段

地球最早的发展阶段是太古代和元古代，太古代晚期海底有了低等的生物，元古代晚期地球上有了低等动物。

古生代是地球发展的第二个阶段，经历了四亿年，主要分为早古生年代和晚古生年代。海生无脊椎动物是早古生年代的重要特点。

第三阶段

中生代和新生代是地球发展的第三阶段。中生代出现了裸子植物和爬行动物，新生代出现了被子植物和哺乳动物。

知识链接

恐龙时期

两亿年前的中生代时期，以恐龙为代表的爬行动物发展到顶峰，翼龙天上飞，蛇颈龙水里游，霸王龙林间走。

18

地球的组成部分

大陆架

    大陆架是指海岸延伸到海中的陆地，通常深度不超过 200 米。这片地区有的很窄小，而有些则连接在一起，形成宽度几百千米的大陆架。

🌍 地球档案

主　　题	大陆架
涉及内容	大陆架的动态变化、大陆板块的海底延伸、大陆架的特点
显著特点	在相对较浅的海域。

大陆架的动态变化

    海岸与山脉相连的地方通常大陆架较狭窄，有些甚至完全没有大陆架。随着海平面下降，部分大陆架可能露出水面，形成陆桥或陆地；反之，海水上升时，大陆架则会被淹没，成为浅海。

大陆板块的海底延伸

　　大陆架地势平缓，与其连接的沉积层在海床上被称为大陆坡。大陆坡与陆基相连，延伸到深海中。这两者都属于大陆板块的一部分。

大陆架的特点

　　大陆架是大陆板块延伸至海洋中的部分，通常地势平缓，与陆地相连。其特点包括较浅的水深、广阔的面积以及厚度较薄的地壳。大陆架是海底地形的重要组成部分，对海洋生态系统和资源的分布具有重要影响。

　　油气资源最丰富的大陆架之一是俄罗斯的北极大陆架。北极地区被认为是世界上未开发的油气资源最为丰富的地区之一。

平原

平原指海拔高度小于 200 米的宽广低平地区。我国有四大平原，地势非常优越，是人们居住和种植的好地方。

平原的种类

平原按成因分为冲积平原、侵蚀平原、湖成平原、海岸平原、冰水平原等。其中冲积平原很常见，其土质肥沃，是人类居住和种植的好地方。

🌐 **地球档案**

主　　题	平原
涉及内容	平原的种类、平原的占地面积、平原的分布、冲积平原、冰水平原
显著特点	海拔较低、地势平坦。

平原的占地面积

平原约占我国陆地面积的十分之一。平原地区蕴藏的矿产十分丰富，而且土地肥沃，交通便利，长江中下游的平原有"鱼米之乡"的美称。

平原的分布

我国的平原主要分布在东部地区，大的有东北平原、华北平原、珠江三角洲平原等，西部有一些相对小的平原。我国的地貌资源很丰富。

冲积平原

冲积平原是由河流夹带的泥沙因流速减缓堆积而形成的。世界上著名的冲积平原有长江中下游平原、亚马孙平原、黄淮海平原、宁夏平原等。

冰水平原

　　冰水平原是由冰川融化水流所夹带的泥沙、砾石堆积而成的。如在德国北部的波德平原。

知识链接

海岸平原

　　由滨海沉积不断加积的近岸海底（浪蚀台地或水下浅滩），受地壳抬升或海水面下降露出海面而成。

河流

　　河流指沿地表线形凹槽集中的经常性或周期性流水，来自雨水或者季节性积雪融水、冰川融水、湖泊水和地下水等。河流有大有小，称谓也有所不同。

地球档案

主　　题	河流
涉及内容	河流的发源地、河流的地形特征、河流的类型、亚马孙河、塔里木河
显著特点	根据水文和河谷的地形特征，河流一般分上游、中游、下游三段。

河流的发源地

河流有自己的发源地，发源地有的是泉水，有的是湖泊，有的是沼泽，有的是冰川。黄河发源地是青藏高原巴颜喀拉山脉北麓的卡日曲。

河流的地形特征

河流一般分为三段。上游地形多是深山峡谷，水面落差大。中游相对缓和，河槽变宽，水速减小。下游位于平原地带，水面平缓、流速较慢。

27

河流的类型

　　最终流入海洋的河流叫外流河，流入内陆湖泊的河流或者在中途消失的河流是内流河，除此以外，还有因为某种原因开挖的运河。

亚马孙河

　　亚马孙河是世界第二长河，也是世界上水量最大的河流，其支流众多，位于南美洲的北部，孕育着世界最大的热带雨林。

塔里木河

　　塔里木河上源有三，从叶尔羌河源起算，全长2137千米（肖夹克以下约1100千米），是我国第一内陆河，被称为新疆母亲河。塔里木在维吾尔语中有"无缰之马""田地""种田"之意。

洞穴

　　洞穴是地表下的一种地下空间，它的形成受岩石、土壤和流水等自然因素影响。是长期的物理和化学变化以及地壳运动等作用的结果。

地球档案

主　题	洞穴
涉及内容	钟乳石和石柱、地下泉涌、天坑、我国的天坑、洞穴成因
显著特点	洞穴内因长期的水流或空气作用形成了独特景观，精美无比，令人震撼。

钟乳石和石柱

溶洞里有积水，石柱林立，形态各异，在灯光的照耀下非常壮观。含有碳酸氢钙的水从洞顶向下滴时，因水分蒸发和二氧化碳逸出，水中析出的碳酸钙淀积下来，自上而下增长形成"钟乳石"，钟乳石和石笋连在一起被称为"石柱"。

地下泉涌

地下泉涌是指地下水从地面或地下洞穴中涌出的自然现象。它们通常是由地下水通过岩石的裂缝或溶洞向上流动而形成的。

天坑

天坑就是像桶一样的巨大的坑，它四周被峭壁环绕，底部大多和地下河道相通。天坑可能出现在矿井、山林，就连城市也有可能出现天坑。

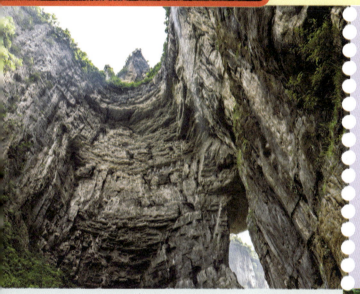

我国的天坑

我国的天坑主要在南方。如重庆武隆、奉节天坑，四川兴文、宜宾天坑，贵州织金、紫云天坑，湖南张家界天坑等。

洞穴成因

岩石由于内力地质作用而产生裂缝，被抬升，同时外力的风、流水、海浪等沿着裂缝侵蚀岩石，从而形成山洞。

31

山地和丘陵

我国的大好河山由许多名山大川以及起伏的丘陵组成，这些地貌形态各异，各具特色。

地球档案

主　　题	山地和丘陵
涉及内容	山的类型、山脉成因、丘陵的形成、丘陵的分布
显著特点	巍峨耸立、绵延千里、峰峦叠嶂、蜿蜒起伏。

山的类型

山有高山、中山、低山之分，海拔在 3500 米以上的叫高山，海拔在 1000 米以下的叫低山，海拔在高山和低山之间的叫中山。

山脉成因

由于地球自转以及地壳的运动（如地震、地球板块互相挤压、碰撞）而形成各种各样的山脉。

丘陵的形成

丘陵的海拔大致在 500 米以下。有独立存在的丘陵，还有连绵的丘陵。丘陵一般是由于长期遭受侵蚀形成的，脉络不明显，是个过渡地带。

丘陵的分布

　　丘陵在我国分布广泛，总面积约有100万平方千米，占全国地貌的十分之一。著名的有辽东半岛丘陵、山东半岛丘陵、黄土丘陵等。

知识链接

山地地形特征

　　山地起伏较大，坡度陡，沟比较深，高度差异比较大，大多呈脉状分布。山地一般海拔在500米以上。

谷地

地球上不仅有高山，还有低谷，低谷主要是受到侵蚀形成的。地壳运动中出现的断层也会形成谷地。

🌐 **地球档案**

主 题	谷地
涉及内容	槽谷、峡谷、东非大裂谷、雅鲁藏布大峡谷、冰蚀谷
显著特点	现在世界上最长的裂谷是非洲的东非大裂谷。

槽谷

　　槽谷是指悬崖中间既深又狭窄的山谷。槽谷是和悬崖相连的洞窟发生坍塌的时候形成的一条狭长的岩石壁谷。

峡谷

　　峡谷很狭窄，地势比槽谷还要陡峭，在谷地常常有河流。峡谷是因为新构造运动过于强烈而抬升的区域，由河流猛烈下切而形成。

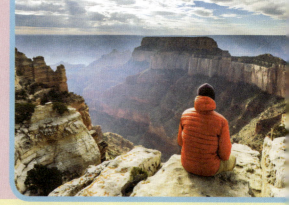

东非大裂谷

　　非洲的东非大裂谷是目前世界上最长的裂谷。在板块的构造运动中，大洋开启的最初，大陆崩塌而形成了裂谷。

雅鲁藏布大峡谷

雅鲁藏布大峡谷是世界上最大的峡谷，也是青藏高原上最大的水汽通道，是由于江水的冲刷和山脉的运动而形成的。

冰蚀谷

冰蚀谷是冰期前的河谷，由山谷冰川剥蚀而形成平直、宽阔、横剖面呈 U 形的谷地，因而又叫 U 形谷。

知识链接

断层谷

在断层线上发育的谷地叫断层谷，一般表现为又深又窄的峡谷。

高原和盆地

高原指海拔在 500 米以上，顶面比较平缓的高地。高原面积很大，顶部小，就好比一个大舞台。因为地势高、空气稀薄，所以人在高原会有缺氧现象。

黄土高原

黄土高原是世界上覆盖黄土面积最大的高原，黄土的厚度在 50 米 ~80 米，最厚的地方达到 150 米。黄土虽厚，但水土流失严重，属于脆弱地区。

青藏高原

　　青藏高原海拔在 4000 米以上，是世界上海拔最高的高原。青藏高原有丰富的自然资源以及珍稀的野生动物，是科学探究、考察和人们旅游的好地方。

云贵高原

　　云贵高原上石灰岩厚度大、分布广，经雨水溶蚀后地表崎岖不平，是典型的喀斯特地貌。高原上有石柱、石林等奇特景观。

盆地

我国有四大盆地。盆地像一个脸盆，四周是高原或山地，中间是平原或丘陵。盆地按成因分为构造盆地、风蚀盆地、溶蚀盆地。

柴达木盆地

柴达木盆地是封闭性的巨大山间断陷盆地，石油、天然气、盐、铅、锌、石棉等矿产储量丰富，故被称为"聚宝盆"。

沙漠

沙漠里雨水很少，很缺水，白天炙热，还经常有沙尘暴，动植物稀少，主要是抗旱的植物和抗高温动物。

巴塔哥尼亚沙漠

受安第斯山脉影响，海风吹不过来，所以巴塔哥尼亚沙漠干旱少雨，植物多是抗旱耐寒的草丛和灌木丛，动物有美洲驼、鹰、狐狸等。

🌳 地球档案

主　题	沙漠
涉及内容	巴塔哥尼亚沙漠、独特气候、防热、沙漠之舟、流动沙丘
显著特点	干旱少雨，昼夜温差大。

独特气候

　　沙漠干旱，雨水很少，昼夜温差大。白天的沙漠就像一个炙烤的沙床，到了晚上，热量直接从大气层散发，温度迅速下降。

防热

　　根据沙漠的特点，沙漠里的动物有自己的防热抗旱方式。爬行动物有厚的角质层或者鳞片；鸵鸟脚耐高温；骆驼有驼峰，内蓄脂肪。

沙漠之舟

　　骆驼特别能耐饥耐渴，并且性情温顺，不怕风沙。人们能骑着它横穿沙漠，因此骆驼被誉为"沙漠之舟"。

流动沙丘

　　流动沙丘就是会移动的沙丘，它们地表植被稀少，往往被风吹着顺风向移动，对工农业和交通建设威胁很大。

知识链接

塔克拉玛干沙漠

　　塔克拉玛干沙漠是我国最大的沙漠，也是世界第二大流动沙漠。塔克拉玛干沙漠四周高山环绕，充满了奇幻和神秘色彩。

43

沼泽

　　湖泊被河水冲得水面变宽，水速变慢，湖边沉积的泥沙长满了植物。一代代植物生死循环，湖泊变成了烂泥潭，就成了沼泽。

🌐 **地球档案**

主　　题	沼泽
涉及内容	盐泽、落羽杉、鳄鱼、陷入沼泽
显著特点	气候湿润、烂泥潭、植物的乐园。

盐泽

盐泽是指沼泽中含盐量大的地方，也被称为"盐滩"或者"岩壳洼地"，大部分在北非海岸。

落羽杉

在沼泽湿地中有很多植物。落羽杉长期生活在沼泽湿地里，老树根很大，有呼吸根。这种落叶杉和沼泽相互映照，成了奇景。

鳄鱼

沼泽里有很多鳄鱼，鳄鱼常袭击其他动物，是沼泽里的大王。它们有厚厚的角质骨板，浮在沼泽里，从远处看犹如一根木头浮在水面。

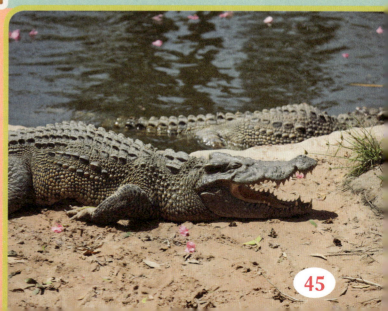

45

陷入沼泽

沼泽属于假塑性流体，人在其中越挣扎会陷得越深。当人陷入其中，应该取平卧姿势，扩大与沼泽的接触面积，慢慢移动，然后逃出。

知识链接

沼泽的作用

沼泽可以净化水质，调节气候；可以保持地区生态平衡，有降低海水冲击的防洪功能；还可以保护生物的多样性。

森林

广义的森林资源包括林区内各类土地以及这些土地上的全部生物资源和非生物资源，属于可再生资源。森林是氧气生产基地，被人类称为"地球的肺"，也是动植物的天堂。

🌐 地球档案

主　　题	森林
涉及内容	蕨类古裸子植物阶段、裸子植物阶段、被子植物阶段、聚煤期、裸子植物
显著特点	净化空气、保持地球氧气。

蕨类古裸子植物阶段

蕨类古裸子植物是晚古生代的石炭纪和二叠纪的植被主角。现在的热带地区还有孑遗树蕨的身影。蕨类古裸子植物是石炭纪的造煤植物。

裸子植物阶段

蕨类古裸子植物灭亡后，裸子植物阶段就开始了。中生代的晚三叠纪、侏罗纪和白垩纪是裸子植物的全盛时期，如本内苏铁目已分布广泛。

被子植物阶段

中生代的晚白垩纪以及新生代的第三纪，被子植物相继出现并遍及地球，形成不同的森林。被子植物是最稳定的植物群落，占植物界总量的一半。

聚煤期

　　我国有三个聚煤期：石炭二叠纪、侏罗纪、晚白垩纪－第三纪。这三个时期裸子植物最为繁盛，成为重要的聚煤时期。

裸子植物

　　裸子植物是指种子裸露在外的一类植物，如松树、柏树、红豆杉等。松树又叫"常绿树"，寿命可达千年之久。

草原

草原上水少，植物多是灌木和草类。由于水热条件的差异，划分为草甸草原、典型平原、荒漠草原三大类。气候干旱或过度开垦，草原容易变成荒漠。

🌍 地球档案

主　　题	草原
涉及内容	猎豹、食草动物、濒临灭绝的野牛、非洲草原上的动物、牦牛
显著特点	草原环境特殊，生态环境比较脆弱，过度开垦或放牧都会使草原沙化，进而演变成荒漠。

猎豹

猎豹是陆地上跑得最快的动物，时速达到 100 千米。猎豹以羚羊为食，它没有耐力，只要猎物跑出它的狩猎范围，它就放弃，去找下一个目标。

食草动物

食草动物喜欢在草原上群居，其体形较大，善于奔跑，以草或植物为食，消化系统很强。食草动物一般不主动袭击其他动物，却常被食肉动物袭击。

濒临灭绝的野牛

野牛体形大，有2米高，在自然界几乎没有天敌。野牛一般是群居，一群数量为20头左右。家养的牛是从北美野牛驯化来的，现在北美野牛几乎灭绝了。

非洲草原上的动物

非洲大草原面积辽阔，属于热带草原。生活在非洲草原上的食草动物主要有大象、羚羊等，食肉动物主要有狮子、鳄鱼等。

牦牛

牦牛是生活在青藏高原高寒草场的耐寒品种。它毛长皮厚，身矮体健，性情温和，被称为"高原之舟"。

冰川

冰雪在温度极低的山顶不断积累形成冰层，经过千百年成为冰川。冰川从主体断裂受重力下滑，在坡面打磨形成山谷。

地球档案

主 题	冰川
涉及内容	冰川的年纪、冰川的形成、冰川的移动、冰川的分类、南极冰盖
显著特点	冰山的形成时间越长，颜色越深。

冰川的年纪

冰川的年纪不同，规模也不相同。北极的冰川初期是白色，后来慢慢变成蓝色。冰川的年纪越大颜色越深，南极的蓝色冰川有几千年历史了。

冰川的形成

冰川是严寒地区的冰雪终年不化积累下来的，是在外力作用下重新结晶冷冻形成的冰山再运动形成的。地球上的冰川大部分分布在南北两极。

冰川的移动

　　冰雪在温度极低的山顶积累成冰层，又经过千百年成为冰川。冰川从主体断裂受重力下滑，在坡面打磨形成山谷，削下的碎石被冰川推走。

冰川的分类

　　冰川按其形态和规模主要分为大陆冰川和山岳冰川。山岳冰川又分悬冰川、冰斗冰川、谷冰川、山麓冰川等。

南极冰盖

　　南极冰盖大部分位于南极圈内，平均厚度在两千米以上，最大厚度可达四千多米，占世界陆地冰量的百分之九十。

海洋

　　海洋的面积远远大于陆地面积，海洋约占地球表面积的70.8%，陆地的四周都被海洋包围着，地球处在一个海洋世界里。

🌍 **地球档案**

主　　题	海洋
涉及内容	岛屿、海浪、海岸、洋流
显著特点	海洋主体的连续水域，面积约3.6亿平方千米，体积约13.7亿立方千米，约占地球表面积的70.8%。

岛屿

岛屿指散处在海洋、河流或湖泊中的小块陆地，面积大的称"岛"，小的称"屿"，很多岛屿是群岛。

海浪

海浪是由风推动的一种波动现象。海浪就像一只巨大的手掌用惊人的力量拍打着海面，每隔几秒就会起来，拍击力量能达到25吨每平方米。

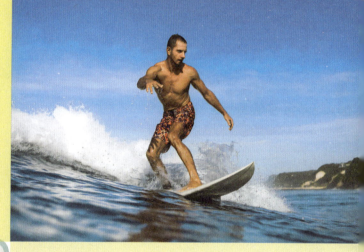

海岸

邻接海洋边缘的陆地是海岸，海岸的宽从几十米到几千米不等，有上部、中部、下部地带之分，主要有沙滩、乱石滩以及悬崖峭壁等。

洋流

　　洋流是指海洋中具有相对稳定的流速和流向的大规模海水运动。洋流是地球表面热环境的主要调节者。

南极洲

南极洲比北极地区还冷，雨水少，经常刮风，有极昼和极夜之分。南极的生物大多生活在海洋里，这些生物是鸟类、海豹的食物来源。

🌐 **地球档案**

主　题	南极洲
涉及内容	帝企鹅、座头鲸、科考站、南极苔藓、南极生物
显著特点	降水极少且常刮大风，陆地完全被冰盖覆盖，会周期性出现极昼、极夜现象。

帝企鹅

帝企鹅耐寒力强，擅长潜水、捕捉鱼类，适合群居生活。帝企鹅可以调节脚底的温度，在腿和肚子之间有育儿袋，雄企鹅肩负着孵蛋的任务。

座头鲸

座头鲸的形态十分优美。它以小鱼、小虾等为食，体形很大，性格温顺，多成对活动，夏天在南极洲附近出现，冬季到温海区繁殖，叫声像唱歌般优美。

科考站

南极洲是地球上唯一未开发的陆地，为了保护南极环境，人们在南极地区划分了保护区，考察队员要进入这些地区开展科学考察工作，必须经过特别申请和批准才能进入。

南极苔藓

　　南极大陆分布最广、数量最多的绿色植物就是南极苔藓。其中有一种苔藓不开花，它们通过孢子体和孢子繁殖。

南极生物

　　南极洲气候严寒，植物难以生长，偶尔有苔藓、地衣等。鸟类以企鹅为主。海兽主要有海豹、海狮、海豚和鲸。

知识链接

南极洲为什么比北极地区冷

　　南极洲比北极地区冷是多方面因素造成的，第一，因为南极洲是陆地；第二，因为冰雪的反射率；第三，因为南极洲海拔高；等等。

北极地区

北极地区是地球上最北端的地区，位于北极圈内，它由冰雪覆盖的海洋和岛屿组成，有着特殊的气候和生态系统。北极地区也是许多极地探险者的目的地，吸引着众多科学家和探险家前往。

地球档案

主　题	北极地区
涉及内容	北极熊、海象、北极狐、雪屋、北极冰川
显著特点	北极是地球上最北端的地区，包括北极洲和北极圈，这里气候寒冷，有大量的冰雪覆盖，但也是一些极地动物的栖息地。

北极熊

北极熊体长可达 2.8 米。它的毛色是白的，便于隐藏和狩猎。它有大量的脂肪可以抗寒，跑得很快，以海豹、鱼类、海鸟为主要食物，冬眠时间很长。

海象

海象在海中游泳的速度很快，在陆地上显得很笨。它有厚厚的脂肪，不怕冷，以泥沙中的贝类为食，每 3 年繁殖一次。

北极狐

北极狐体形较小而肥胖，冬季毛色雪白，自春至夏，逐渐变为青灰色。北极狐分布于北冰洋沿岸地带，喜欢跟踪北极熊，捡拾其残羹剩饭。

雪屋

在北极地区生活的人类住的是可以抵挡风寒的雪屋子或者石头屋子，他们有自己的打猎工具，穿着兽皮，靠捕食鱼类、海象、海豹等动物为生。

北极冰川

全球气候变暖，北极冰川数量正在急剧减少。冰川融化会加速海平面上升，造成极端恶劣天气增加，给人们带来很多灾难。

知识链接

北极星

北极星是天空北部最亮的一颗星，位于地球北极的正上空，古代人在野外就会以北极星来辨别方向。

地球奥秘知多少

地球的自转和公转

地球绕着太阳公转的同时也在自转，公转一周为一年，自转一周为一天，因为地球自转和公转才有了四季和五带。

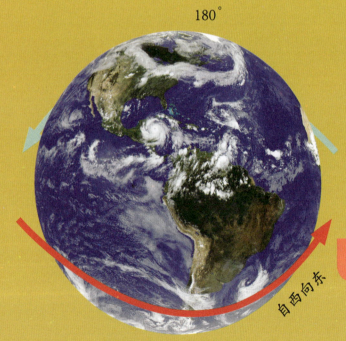

180°

西经0°东经

地球的自转方向

🌍 地球档案

主　题	地球的自转和公转
涉及内容	地球自转、地球公转、自转速度变慢、自转变慢的猜想、地轴
显著特点	现在一年有365.26天。

地球自转

地球绕着地轴不停地自西向东旋转，叫自转。地球自转产生昼夜现象。自转一周的时间为24小时。

地球公转

由于太阳引力和地球自转，地球绕太阳按一定角度转动，这就是地球公转。地球公转一周需要 365.26 天。公转产生四季变化。

自转速度变慢

科学家发现，地球自转的总体速度在变慢，他们认为这是月球和太阳对地球潮汐作用的结果。

自转变慢的猜想

科学家发现，地球自转在春季变慢，在秋季加快。有人认为地球的内部物质影响地球自转的速度，还有人认为地球公转也影响地球自转的速度。

地轴

地轴是指连接地球两极的一条想象线，地球绕着它自转，每天旋转一圈，其倾角为23.5°，这导致了季节的变化。

知识链接

经纬网

经纬网是人们为精确表明地球的位置，在地球仪上假设的坐标。经纬线在航空、航海、军事等方面有重大的作用。

四季与地球公转

地球上四季分明，春天温暖，夏天炎热，秋天凉爽，冬天寒冷，因为地球在不停地绕着太阳公转。

🌐 **地球档案**

主　题	四季与地球公转
主要组成	地球绕太阳运动、太阳周年视运动、黄赤交角、黄赤交角的重要性、近日点和远日点
显著特点	日地的公共质量中心离太阳中心仅450千米。

地球绕太阳运动

地球公转的中心位置是地球和太阳的公共质量中心，离太阳中心只有450千米，一般就说成地球绕太阳运动。

太阳周年视运动

我们感觉不到地球转动，却能感觉到太阳的运动，是因为太阳周年视运动的轨迹平面和地球公转轨道平面重合，方向、速度和周期也相同。

黄赤交角

黄道面与赤道面之间的夹角叫黄赤交角，它的存在使地球在运动过程中除赤道外的地方昼夜长短都在变化。

黄赤交角的重要性

地球上有四季现象，起决定作用的是黄赤交角，也就是地球斜着绕太阳转动所产生的角度。如果没有黄赤交角就没有四季的变化。

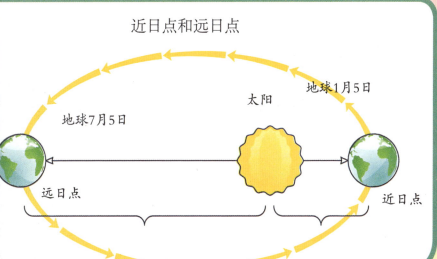

近日点和远日点

近日点和远日点

地球公转轨道上离太阳最近的点叫近日点，地球到达近日点时公转速度最大。离太阳最远的点叫远日点，地球到达远日点时公转速度最小。

知识链接

晨昏线

白昼与黑夜的界线称为晨昏线，它把地球分为昼半球和夜半球，春分和秋分时晨昏线平分所有纬线。

包裹地球的坚硬岩石

　　岩石是由地面不断沉积的微粒密实固化后形成的，一般都在地球表面形成，有的可以辨认，有的是需要仔细研究才能深入了解。

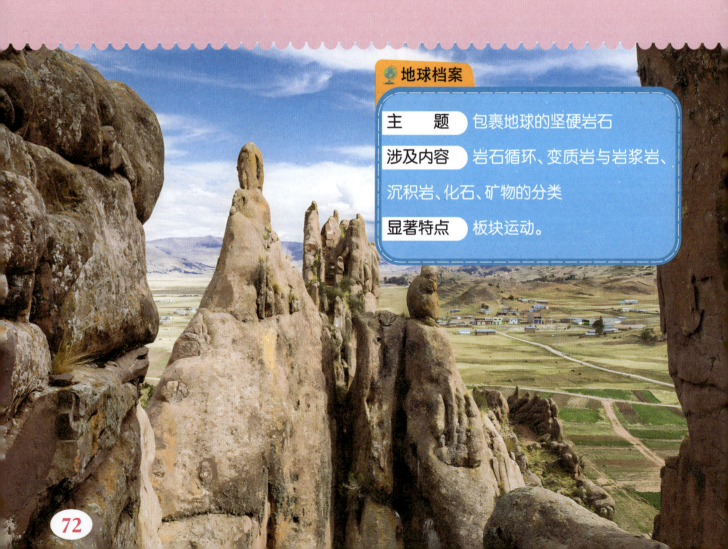

地球档案

主　　题	包裹地球的坚硬岩石
涉及内容	岩石循环、变质岩与岩浆岩、沉积岩、化石、矿物的分类
显著特点	板块运动。

岩石循环

在地壳深处，岩石会重熔成新的岩浆，由火山喷发形成火山岩，后来变成沉积岩，成分、结构再发生变化就形成变质岩，重熔喷出再循环。

变质岩与岩浆岩

变质岩是在地壳形成和发展过程中，原来已存在的岩石受内动力地质作用影响，在基本保持固态的情况下发生结构、构造和矿物组成等改变而形成的一类新的岩石。岩浆岩则是由地球内部高温高压下的岩浆冷却凝固而成的。岩浆由岩石、矿物和气体组成，包括花岗岩、玄武岩和安山岩等。

沉积岩

沉积岩是一种经由水、空气或冰的搬运，沉积在河、海、湖水盆地中或陆地上的沉积物经固结而形成的岩石。如砂岩、泥岩、石灰岩和煤等。它们记录了地球历史上的环境变化和生物演化，所含矿产极为丰富。

化石

化石是人类考察历史的依据，它里面有生物遗留下来的残骸，还有脚印、粪便等，所以被称为遗迹化石或踪迹化石，这些化石大都存在于沉积岩中。

矿物的分类

我们把矿物分成金属矿和非金属矿两类，常见金属矿有赤铁矿、磁铁矿等，非金属矿中能源和宝石类矿最重要。

知识链接

金刚石

金刚石是世界上最坚硬的岩石，用途很广，可用于工艺品、工业中的切割工具，也可以是贵重的宝石。

地球会变暖还是变冷

近年来冰岛融化，水位上涨，冰岛的陆地逐渐被海洋淹没，全球变暖成了科学家们研究的重点，可也有全球变冷的说法。

🌏 地球档案

主　　题	地球会变暖还是变冷
涉及内容	变暖说、变冷说、引起关注、地球变暖的后果、地球变冷的后果
显著特点	世界工业的飞速发展，乱砍滥伐森林，过度开垦草原，这些行为会对地球有很大影响。

变暖说

人为的自然破坏，石油、煤的燃烧，就会导致二氧化碳增多。二氧化碳会阻止热量的散发，加剧温室效应。

变冷说

支持"变冷说"的人在认可近年来地球变暖的前提下，预测在不久的将来暖流会被新的寒流所取代，气温将会呈下降趋势。

引起关注

　　根据联合国气候变化专门委员会的报告，自 1850 年以来，地球的平均温度已经上升了 1.1 摄氏度。此外，近年来，全球气温不断创下新的高温纪录，极端气候事件也越来越频繁和严重。这一切都表明，气候变化问题已经成为全球关注的焦点。

地球变暖的后果

　　气温升高会给大气和海洋提供巨大的动能，从而造成台风、飓风、海啸等灾难。气温升高还会使得自然界食物链断裂。

地球变冷的后果

　　全球气候变冷会引起植物生长减慢，农作物产量减少，甚至会使有些生物灭绝。

陆地和海洋面积

　　从太空中看地球，可以看到陆地面积远远小于海洋面积。地球表面海洋面积约 36200 万平方千米，占地球表面积约 70.8%；陆地面积约 14900 万平方千米，约占地球总面积的 29.2%。

地球档案

主　　题	陆地和海洋面积
涉及内容	猜想一、猜想二、猜想三、海陆面积比例、海陆分布
显著特点	陆地面积比海洋面积小。

科学家认为，地球突然变冷，外壳冷得快，成了地壳；内部冷得慢，导致地壳下降，下降的面积大于未下降的面积，所以陆地比海洋面积小。

猜想二

科学家认为，地球表面甩出去一块形成了月球，而缺口就成了太平洋。后来地球为了平衡，就出现了很多大洋，所以陆地面积比海洋面积小。

猜想三

科学家认为，大陆最初是从地壳下钻出来的，像大洋中的一个鸡蛋那样小，经过年代的推移变成了现在的大陆，由于生长慢所以比海洋面积小。

海陆面积比例

　　海洋面积约占地球表面积的70.8%，陆地面积约占地球表面积的29.2%，海陆面积比约为七比三。

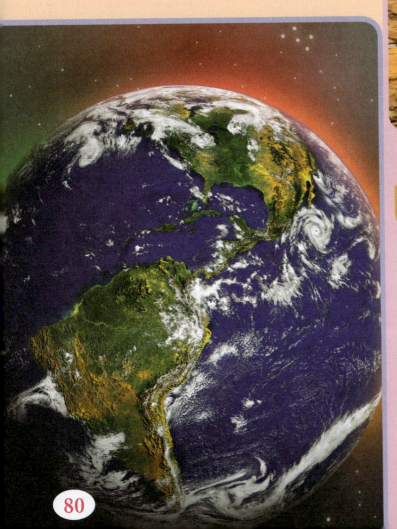

海陆分布

　　海洋和陆地在地球表面分布很不均匀，陆地绝大部分分布在北半球，而海洋57%分布在南半球。

大气的形成

地球被大气层所覆盖。大气层不仅给地球生物提供氧气，而且还能阻挡外来物质对地球的侵害。

地球档案

主 题	大气的形成
涉及内容	现代地球大气、大气层的成分、大气成分会改变、大气对太阳辐射的削弱作用、大气逆辐射
显著特点	大气是透明、无色、无味的。

现代地球大气

我们呼吸的是现代地球大气，是经过变化而形成的。清新的大气是无色、无味、透明的气体。它由很多成分构成，其中氧气是我们离不开的气体。

大气层的成分

厚厚的大气层把地球包围起来，对地球起着保护作用。大气的主要成分是氮气、氧气、二氧化碳以及很多稀有气体。

大气成分会改变

现在大气的形成经过了很长时间，其中的成分不是永远不变。树木被砍伐就会减少氧气，生产、生活中排放的废气也会改变大气成分。

大气对太阳辐射的削弱作用

大气对太阳辐射的削弱作用主要表现为选择性吸收、散射和反射，紫外线几乎都被大气吸收了，可见光绝大部分能直接到达地面。

大气逆辐射

　　大气及其悬浮物和云层等向下发射到地面的长波辐射，称为大气逆辐射。天空中有云，或空气湿度比较大时，大气逆辐射就会增强。

知识链接

大气层的厚度

　　大气层很厚，大约在1000千米以上，分为对流层、平流层、中间层、热层和散逸层。每层大气都有不同的特点。

海水为什么是咸的

太平洋里的海水是咸的，长江里的水是淡的，鄱阳湖里的水也是淡的，我们离不开的饮用水是无味的。

🌍 **地球档案**

主　　题	海水为什么是咸的
涉及内容	原因、先天说、后天说、海水成分、海水涨落现象
显著特点	海水中含有氯化钠。

原因

　　海水之所以是咸的，是因为它含有大量的溶解盐类，主要是氯化钠（食盐），也包含少量其他种类的盐分。这些盐分主要来源于陆地上的岩石和土壤，通过河流流入海洋。

先天说

　　先天说认为海水从开始就是咸的。虽然在各个地质时期，海水的含盐量不同，但是海水没有变得越来越咸，盐分也没有明显地增加。

后天说

　　后天说认为海水中原来没有盐，由于水在不停地循环运动，水分蒸发变成雨水回到陆地，把陆地上的盐类冲到了江河之中汇入大海，海水才变咸的。

海水成分

海水的成分非常复杂，包含多种溶解盐类和气体。海水中的化学元素大部分以盐类离子的形式存在，其中氯化钠是最主要的盐类，占海水盐分的88.6%。其他重要的盐类包括硫酸镁、碳酸钙和硫酸钠等。

海水涨落现象

由于月球和太阳引潮力作用（其中月球起主导作用），海面发生周期性涨落的现象叫海洋潮汐。白天的高潮称"潮"，晚上的称"汐"。

知识链接

海水为什么是蓝色的

阳光射入海水后，红、橙、黄光最先被吸收，紫光和蓝光被反射，人眼对紫光不敏感，因而我们看到的就是蓝色海洋。

地球并不温和

地震

　　地震会给地球上的生物造成可怕的伤害，有时还会引起火灾，甚至会造成原本密闭的毒气泄漏，带来可怕的海啸。

🌍 **地球档案**

主　题	地震
涉及内容	太平洋地震带、土耳其大地震、冲击波、地中海-喜马拉雅地震带、地震成因
显著特点	地震给我们人类带来的灾害是非常可怕的，危害非常大。

太平洋地震带

太平洋地震带上的火山很多，是地震最频繁的地区，涉及很多国家和地区，几乎所有的深震源地都在这里，就连浅震源地也占全球的80%。

土耳其大地震

土耳其大地震和它特殊的地势有关，地震发生在北安那托利亚断层和西部震区交界。一个东移，一个北移，对土耳其产生了双重挤压。

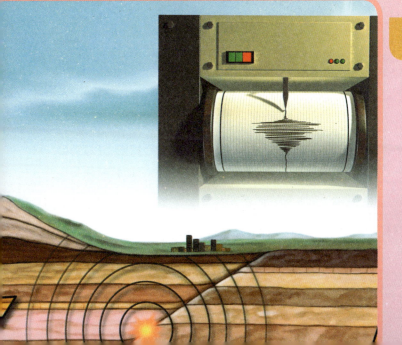

冲击波

冲击波是一种波动，对周围事物产生冲击后，介质的温度、压力都会变化。地震冲击波从地球内部向地表冲击、扩散，威力强大，后果严重。

地中海-喜马拉雅地震带

地中海－喜马拉雅地震带又称"欧亚地震带"，横贯欧亚两洲及非洲地区，所释放的地震能量占全球地震能量的15%。

地震成因

地质构造引发的地震叫构造地震。火山活动引发的地震叫火山地震。固岩层塌陷引起的地震叫塌陷地震。

滑坡

　　滑坡是指自然斜坡或人工边坡上的岩体、土体沿一定的滑动面整体下滑现象。缓慢的滑坡不易被人觉察，猛烈的滑坡对人有危害。

地球档案

主　　题	滑坡
涉及内容	岩体滑坡、滑坡类型、滑坡的成因、滑坡的治理
显著特点	风化侵蚀、雨水冲刷、地表吸水太多质量加大、地震等以及采矿、修路等都会造成滑坡。

岩体滑坡

　　水是岩体滑坡的主要因素。水顺坡流，高山山脉地势复杂，常年经受流水的冲刷，质地变得硬、脆，岩石之间的连接就易断裂，产生岩体滑坡。

滑坡类型

滑坡按形态分为顺层滑坡、切层滑坡、牵引式滑坡、推动式滑坡等；按速度分为蠕动滑坡、慢速滑坡、中速滑坡、高速滑坡；按位置分为覆盖层滑坡、基岩滑坡等；按厚度分为浅层滑坡、中层滑坡、深层滑坡、超深层滑坡；按规模分为巨型滑坡、大型滑坡、中型滑坡、小型滑坡。

滑坡的成因

滑坡的成因分为自然因素和人为因素。自然因素包括风化侵蚀、雨水冲刷、地震等；人为因素包括采矿、修路等。

滑坡的治理

  治理滑坡可以从两大方面着手：第一，消除和减轻水对边坡的危害；第二，改善边坡岩土力学强度，减小滑动力。

知识链接

我国滑坡分布

  我国滑坡主要集中分布在西南地区的四川、云南、贵州、西藏等地和西北及东南一些地区，其余地区则较少。

洪水

暴雨、融化的冰雪以及水库溃坝等原因都会引起水位急剧上涨，水流速度超出一定的限度，就会暴发洪水。

地球档案

主题	洪水
涉及内容	洪水的类型、洪水的形成、洪水的危害、我国洪水的分布、水库的作用
显著特点	20世纪，我国因洪水而死的人数超过10万。

洪水的类型

洪水按地区分为六种类型：河流洪水、冰川洪水、融雪洪水、冰凌洪水、溃坝洪水、雨雪混合洪水。洪水的形成有自然因素，也有人为因素。

洪水的形成

　　到了雨季，如果降雨量大，江河里的水量会增多，在短期内流入大量的水，流水如果超过江河最大的运输限度，就会形成洪水。

洪水的危害

　　俗话说水火无情。洪水就像一只吞人的怪兽，让人无处可逃。洪水带给人们的危害不可估量，20世纪，我国因洪水丢掉性命的人超过10万。

我国洪水的分布

　　我国洪水灾害的分布特点是东部多、西部少，沿海多、内陆少，平原多、山地少。

水库的作用

　　水库既是公众喝水的"大水缸"，也是拦蓄洪水的"镇水重器"，还可以起发电、灌溉和养鱼的作用。

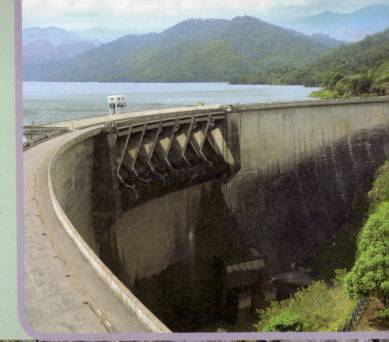

知识链接

暴雨洪水

　　暴雨洪水是影响我国范围最广、时间最长、危害最大的洪水灾害，主要分布在东部季风区各大江河的中下游平原。

海啸

海啸是一种破坏性海浪，是由海底地震、火山爆发、海底滑坡等引发的海面异常。风暴原因引起的海面异常是风暴潮。

地球档案

主　　题	海啸
涉及内容	海啸成因、下降型海啸、海啸传播速度、日本海啸
显著特点	突发性的海底隆起或沉降会导致海水剧烈运动，形成海啸。

海啸成因

　　海啸是由海底地震、火山爆发、海底滑坡等引发的。海啸发源地大部分在地震带上，主要类型有地震海啸、滑坡海啸、火山海啸等。

下降型海啸

　　下降型海啸是指地质活动改变海底地壳，海水受到重力作用，快速补充塌陷或裂缝，塌陷区的海水受到岩面阻力冲击到海面，危害很大。

海啸传播速度

　　海啸传播速度可达700千米/时。在深海大洋航行的船只不会受到海啸的影响，只能感到小小的波动。

日本海啸

　　日本是一个岛国，是全球受海啸伤害最深的国家。2011年发生的海啸使日本海平面上升了三米多高，袭击了日本的大部分地区。

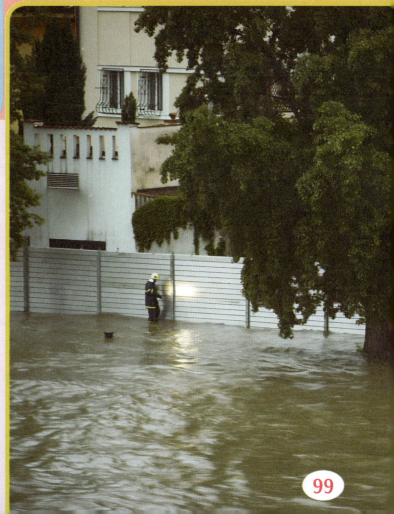

干旱

　　据媒体报道，非洲有很多地方出现了缺水现象，缺水就会出现干旱。众所周知，人类的生活离不开水，干旱会引起饥荒等可怕的事情。

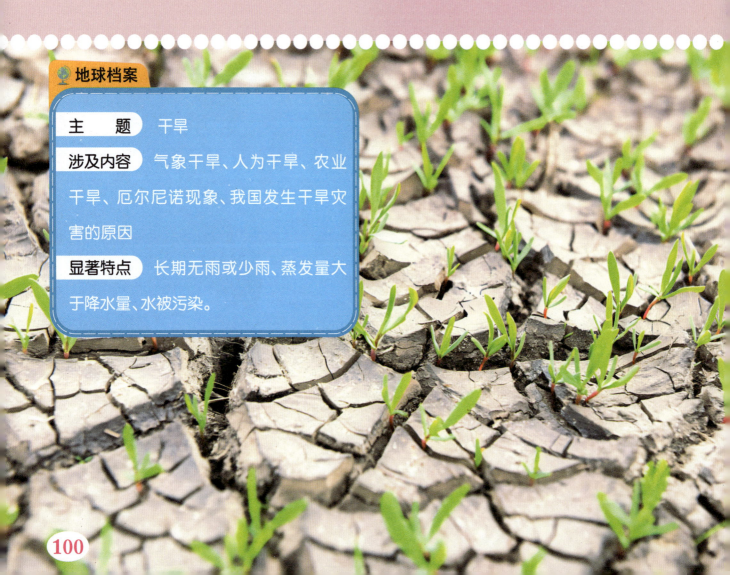

🌐 地球档案

主　　题	干旱
涉及内容	气象干旱、人为干旱、农业干旱、厄尔尼诺现象、我国发生干旱灾害的原因
显著特点	长期无雨或少雨、蒸发量大于降水量、水被污染。

气象干旱

气象干旱是指因降水少、太阳炙烤，使大地水分加快蒸发而造成的干旱。

人为干旱

人为引起的干旱通常是由于过度使用地下水、乱砍滥伐、过度开垦土地等造成的。这些行为会破坏自然生态系统，导致水资源减少、水质下降和土地退化。

农业干旱

农业干旱是指在农作物生长期内，土壤含水量不足以满足作物正常生长所需的水分需求的一种气象现象。干旱会严重影响作物的生长发育，导致农作物减产、死亡甚至绝收，对农业生产造成严重损失。

厄尔尼诺现象

厄尔尼诺现象是位于近赤道东太平洋秘鲁沿岸洋流冷水域的水温异常升高的现象。

我国发生干旱灾害的原因

我国北方干旱的原因有很多，其中一个原因是地形和气候。我国北方的大部分地区是高原和山区，缺乏水源，气候干燥。此外，人类活动也是出现干旱的原因之一。过度地放牧、采伐和工业化都会导致干旱进一步恶化。

酸雨

酸雨是 pH 小于 5.6 的雨雪或以其他形式出现的大气降水。20 世纪 50 年代起，英国、法国就有降酸雨的现象，后来涉及的范围更广了。

地球档案

主　　题	酸雨
涉及内容	酸雨的形成、酸雨的危害、酸雨的防治、酸雨分布
显著特点	酸雨的成分绝大部分是硫酸和硝酸。

酸雨的形成

　　酸雨出现的主要原因是工业生产排放大量二氧化硫和氮氧化物，经过复杂的转化生成硫酸、硝酸，最后随雨雪降落到地面而形成酸雨。

酸雨的危害

　　酸雨会使得土壤和水体酸化，导致植物和水生生物的死亡。此外，酸雨还会腐蚀建筑物和文物，对人类健康和环境产生巨大的影响。

酸雨的防治

　　酸雨的防治措施：开发新能源，如太阳能、水能、潮汐能、地热能等；工业生产排放气体处理后再排放；减少私家车，多绿色出行等。

酸雨分布

　　酸雨是人类面临的最重要的环境问题之一，美国是酸雨污染比较严重的国家之一，我国是继欧洲和北美之后的世界第三大酸雨区。

知识链接

世界著名酸雨事件

　　烟雾酸雨使牲畜发病，甚至死亡，影响大的有比利时马斯河谷烟雾酸雨事件、美国烟雾酸雨事件、伦敦烟雾酸雨事件等。

飓风

《中国大百科全书》中对飓风的描述是指最大风速大于或等于32.7米/秒的热带气旋。

飓风的形成

　　巨大的积雨云集聚的云团慢慢发展成低气压，接着形成浓密的螺旋状云带，这就形成了飓风。随着风势的强大，飓风眼形成，这时的破坏力最强。

成熟的飓风

　　风眼是飓风的中心，风眼通常呈圆形或椭圆形。在风眼中心，气压异常低，通常只有飓风外围的一半，形成了一个空心的圆柱体，称为"眼壁"。风眼的大小、风速与飓风的强度有关，越强的飓风风眼越大，风速也越快。风眼虽然是最危险的地方，但它也是飓风中最平静的地方。

飓风的两面性

　　飓风能把树木连根拔起，把房屋夷为废墟，人也会受到伤害甚至死亡。但是飓风也有两面性，除了伤害，还会带来丰沛的降雨，缓解旱情。

龙卷风和飓风的区别

飓风的直径为 400 千米~600 千米，而龙卷风的直径只有 1 千米左右。龙卷风持续时间非常短，属于瞬间暴发，而飓风可以持续几天。

泥石流

泥石流属于一种自然灾害，它的到来会给人们带来非常严重的损失。科学家经过不懈研究，找到了泥石流发生的根源。

🌏 地球档案

主　　题	泥石流
涉及内容	泥石流产生的原因、人类破坏的恶果、泥石流的危害、避防泥石流措施
显著特点	规模大、速度快、危害性强。

泥石流产生的原因

在自然界中有些地方地质结构松散，地表岩石破碎，山坡陡峭，沟壑嶙峋，再加上表面没有植被，在雨季就会发生不同程度的泥石流。

人类破坏的恶果

泥石流的发生也有人为因素，人们改变地质结构使得地表植被减少，不断地勘测和开采地下矿产资源，都是导致泥石流频繁发生的人为因素。

泥石流的危害

泥沙和石头从山顶倾泻而下，淹没农田房舍，吞噬牲畜和人类生命。一切事物在泥石流面前都显得那么不堪一击。

避防泥石流措施

我们可以建造拦挡坝、排导沟等工程，减少灾害破坏程度，也可以采用多植树、多种草等生物措施护坡固坡。

知识链接

泥石流发生时如何逃生

在山谷中遇到泥石流时不要惊慌，要往垂直于泥石流方向的两边的山坡上爬，决不能往泥石流的下游走。

火山喷发

火山喷发属于一种地质现象，火山喷发的时候会有大量炽热的岩浆喷出，也会落下大量的火山灰。

🌐 **地球档案**

主　题	火山喷发
涉及内容	火山的形成、火山的结构、火山喷发的危害
显著特点	威力猛烈、波及范围广、破坏性强。

火山的形成

在地壳下存在着一种叫岩浆的硅酸盐物质，这种物质以液体形态存在，但遇到薄弱的地壳，就可能冲到地面上来，也就形成了火山。

喷发云　　喷发柱

酸雨　　岩浆　　火山口

通风口

岩浆室

火山的结构

火山内部有固体碎屑、熔岩流或穹状喷出物，外部像一个隆起的山丘或者山峰。火山就像一个管道口，岩浆或岩石圈的物质从火山口喷出来。

火山喷发的危害

火山喷发时喷出的火山灰和火山气体对气候会造成极大影响，形成酸雨，还会破坏环境，引发地震或海啸。